Este título incluido en **Nuestros Ilustres** —la serie de biografías de destacados personajes de los ámbitos de la ciencia, la cultura y la historia— pretende servir de soporte cultural y educativo, así como de apoyo extracurricular a diversas asignaturas, con el objetivo de promover el conocimiento, la investigación, la innovación, el talento y la divulgación. Cada título aproxima a los niños a un personaje cuya trayectoria ha contribuido significativamente al desarrollo y a la calidad de vida de nuestra sociedad.

**Guía de lectura**

🔴 Citas del protagonista

🗡 Información más detallada

**Textos**
Ángel Simón y Àlex Tovar
**Ilustraciones**
Jordi Vila
**Dirección de la colección**
Eva Moll de Alba
**Diseño**
Anna Bosch
**Maquetación**
Sara Latorre

© Vegueta Ediciones
Roger de Llúria, 82, principal 1ª
08009 Barcelona
**www.veguetaediciones.com**

ISBN: 978-84-17137-50-2
Depósito Legal: B 28148-2019
Impreso y encuadernado en España

FSC
www.fsc.org
MIXTO
Papel procedente de
fuentes responsables
FSC® C106329

# La ciudad del futuro

## Ildefonso Cerdá

**Ángel Simón y Àlex Tovar**
**Jordi Vila**

Caramba, qué agradable sorpresa. ¡Por fin alguien viene a visitarme! Permíteme que me presente. Soy un pla... Soy un aaa... AAA... ¡ATCHÍS!

¡Oh! Mil perdones... Después de tantos años aquí, todavía no me he acostumbrado al polvo de este archivo. En fin, que, como iba diciendo, soy un plano. Pero no uno cualquiera, no. Soy el plano urbanístico de un lugar que probablemente te resulte familiar: Barcelona, la Ciudad Condal. Y aunque ahora me veas viejo y apergaminado, hubo un tiempo en que sobre mi piel —blanca y suave como la nieve— dibujó la mano de un hombre extraordinario que transformó esta ciudad de pies a cabeza.

Me refiero a Ildefonso Cerdá, un ingeniero, urbanista y político que en el siglo XIX diseñaría una de las metrópolis más modernas e influyentes del mundo.

Una ciudad del futuro.

«Ruralizad aquello que es urbano y urbanizad aquello que es rural».

Ildefonso Cerdá

**Barcelona, Ciudad Condal**

A Barcelona se la conoce también como Ciudad Condal desde el siglo IX, cuando era una comarca del imperio Carolingio y tenía la misión de organizar los condados para defender a Francia de la invasión musulmana.

Para conocer los orígenes de nuestro protagonista, tendremos que viajar atrás en el tiempo y alejarnos un poco de Barcelona. Allí, junto a unas montañas preciosas, en la masía de Mas Cerdá de la Garga del pueblo de Centelles, nació el pequeño Ildefonso.

Aunque su familia pertenecía a una larga estirpe de agricultores, era gente de mundo que también se dedicaba al comercio con América. Gracias a ello, Ildefonso creció en un ambiente acomodado, fruto de un equilibrio perfecto entre el campo y la ciudad, entre la tradición y la modernidad, en un momento en el que Europa estaba a punto de cambiar para siempre.

**Masía**

Una masía es un tipo de casa de campo aislada, con tierras de labor a su alrededor, que se encuentra sobre todo en zonas de Cataluña y Aragón. A veces cuenta también con instalaciones para animales, como aves o ganado.

En aquella época, España estaba pasando por un momento complicado, pues mucha gente se rebelaba contra las tradiciones, sobre todo en Cataluña. Y uno de ellos era el padre de Ildefonso, un hombre de ideas liberales que defendía los derechos y libertades individuales. Su pensamiento progresista hizo que la familia se viese obligada a abandonar la masía para refugiarse en la ciudad de Vic.

Como marcaba la tradición familiar, Ildefonso ingresó en un seminario para ser sacerdote, donde aprendió latín y filosofía. Sin embargo, al llegar a la adolescencia se enfrentó a su padre.

«Padre, no quiero ser sacerdote —le espetó—. ¡Lo que yo quiero es estudiar arquitectura!».

A pesar de la oposición familiar, Ildefonso se marchó con diecisiete años a vivir a Barcelona para cumplir su sueño.

El desafío a la autoridad paterna marcó el carácter del joven Ildefonso, en el que pronto destacaría una gran fuerza de voluntad y autoexigencia.

**La Guerra de los Agraviados**

En 1827, el sector más tradicional de la sociedad organizó guerrillas contra el liberalismo. Pedían el retorno de la Inquisición y mano dura contra cualquier sospechoso de ser liberal, reformista o ilustrado.

**La familia Cerdá**

Ildefonso no era el hereu (el heredero), puesto que tenía dos hermanos mayores. Entonces, la costumbre era que algún hijo, libre de las responsabilidades de la herencia, pasara a formar parte de la Iglesia. El padre de Ildefonso era liberal, pero también seguía anclado en la tradición católica tan propia de la familia y del campo catalán.

A Ildefonso le asombró descubrir que Barcelona todavía era una ciudad medieval, como las de los cuentos. ¿Te la imaginas rodeada por una muralla de piedra?

La gente vivía hacinada en sitios muy pequeños y las calles estaban tan sucias que a menudo se propagaban epidemias de fiebre amarilla y cólera que se cobraban miles de vidas. Además, después de la Revolución Industrial, muchos agricultores se habían trasladado a la ciudad en busca de empleo. Pero la cosa no era tan bonita como pintaba, y las terribles condiciones de trabajo en las nuevas fábricas crearon tal descontento que las protestas, a veces violentas, eran muy habituales.

A pesar de todo, el joven Ildefonso consiguió matricularse en Arquitectura en la Escuela de la Llotja. Para él fue una de las épocas más difíciles de su vida. Tras el conflicto con su padre, había cortado prácticamente el contacto con su familia. Al no recibir apoyo económico, tuvo que aprender a vivir con muy pocos recursos.

«En determinadas circunstancias, el hombre puede renunciar y renuncia a su ropa. Pero nunca, bajo ninguna circunstancia, renuncia a un albergue».

Ildefonso Cerdá

**Revolución Industrial**

La Revolución Industrial es el cambio fundamental que se produce en una sociedad cuando su economía deja de basarse en la agricultura y la artesanía para depender de la industria. Este proceso comenzó en Gran Bretaña en 1760 y se extendió luego al resto de Europa.

**La población de Barcelona en el siglo XIX**

El auge de la economía mercantil e industrial atrajo a muchos campesinos a la ciudad. Si en la segunda mitad del siglo XVIII la población de Barcelona era de unos 80.000 habitantes, en 1851 había aumentado a 187.000. Barcelona era, posiblemente, la ciudad más congestionada de Europa con 860 habitantes por hectárea, comparada con Madrid (384), París (356) o Londres (86) en esa misma época.

Aunque al final no obtuvo el título de arquitecto, con veinte años Ildefonso ya tenía en mente otros planes de futuro. Aprovechando la reapertura de la Escuela de Caminos, partió a Madrid con la intención de convertirse en ingeniero civil.

Desde la capital, mandaba cartas a su madre donde le describía los enormes sacrificios de su día a día.

*Querida madre,*

*Madrid se me hace desierta y extraña. Con la despensa escasa, la vela alumbra poco y los amigos parecen más lejanos.*
*La Escuela de Caminos es muy exigente. Su director, el ingeniero Subercase, nos impone su disciplina con mano de hierro al tiempo que su amor por la ciencia urbanizadora.*
*Sin embargo, siento cómo crece en mí este espíritu de autoexigencia, consagrado a diario —en cuerpo y alma— a alcanzar el mayor de mis anhelos: superar la prueba y devenir un orgullo para ustedes.*

*Le abraza su hijo,*

*Ildefonso*

«Convencido cada día más, a medida que he ido profundizando en mis estudios e investigaciones, de que la urbanización es una verdadera ciencia».
Ildefonso Cerdá

**Escuela Técnica Superior de Ingenieros de Caminos, Canales y Puertos de Madrid**

Fundada en 1802 por Agustín de Betancourt, se convirtió en uno de los centros más prestigiosos de la sociedad española. En noviembre de 1834 se reabrió por tercera vez. Hasta ese momento, la Escuela de Caminos había tenido una vida agitada por culpa de los vaivenes de la historia de España. La primera promoción de esta tercera etapa acabó la carrera en 1839 y eran catorce alumnos. La siguiente promoción, la de 1835, la formaron nueve alumnos.

Los estudios eran tan difíciles que, en aquella época, había muy pocos ingenieros civiles. La promoción de Ildefonso la formaban sólo nueve alumnos. Con la ventaja de que cuando superaban el tercer año de carrera, el gobierno les daba un sueldo. Esta ayuda fue un gran alivio para Ildefonso, que había pasado tantos apuros económicos.

En cuanto se graduó le encargaron proyectos en muchísimas provincias: Murcia, Valencia, Tarragona, Teruel y Lérida.

Unos años después, en Francia, visitó las obras de la línea de ferrocarril París-Rouen y al ingeniero Joseph Locke, quien más tarde dirigiría las obras de ¡la primera línea de ferrocarriles de España!

Ildefonso quedó deslumbrado por este nuevo medio de transporte y por las comodidades que prometía de cara al futuro. Se convirtió en un defensor del ferrocarril como símbolo de progreso y de la transformación social. Incluso llegó a predecir que más adelante habría trenes circulando por las ciudades.

¡Los trenes acercarían las ciudades y, con ellas, las diferentes culturas!

«Cuando las vías férreas se generalicen, las naciones europeas se convertirán en una única ciudad. Seremos una familia, con el mismo gobierno y las mismas creencias, lengua y costumbres».

Ildefonso Cerdá

**Joseph Locke**
(Inglaterra, 1805-1860)

Fue un notable ingeniero civil inglés que participó en la construcción de líneas de ferrocarril por toda Europa, incluida la primera línea de ferrocarril de España, la línea entre Barcelona y Mataró, en 1848.

Ildefonso cumplió las palabras de un viejo dicho catalán: «Roda el món i torna al Born», que quiere decir «Recorre el mundo y regresa al Born», haciendo referencia al centro de Barcelona y aludiendo a la importancia del hogar y las raíces.

Así pues, tras sus viajes, volvió a la Ciudad Condal, donde trabó amistad con varios intelectuales que lo iniciaron en el socialismo utópico, un pensamiento inspirado en la igualdad entre clases sociales. Uniendo sus dos pasiones, la ingeniería y la política, empezó entonces a vislumbrar una ciudad diferente, que tuviera en consideración las necesidades de todos sus habitantes.

Pero, muy pronto, Ildefonso demostró ser, más que un idealista, un hombre de acción. Durante su época de estudiante, había conocido de cerca las difíciles condiciones de vida que padecía la clase obrera. Por lo tanto, decidió hacer todo lo posible por cambiar el mundo y ayudar a los más desfavorecidos.

«De esta suerte se verifica en las urbes lo que en los demás individuos de todas las especies animales y vegetales: no hay una sola [...], que se parezca a ninguna de las demás».

Ildefonso Cerdá

**Socialismo utópico**

Se trata de una ideología que se desarrolló a principios del siglo XIX que trata de cambiar la sociedad sin necesidad de violencia, organizando el trabajo y dando preponderancia a la comunidad y a las asociaciones de trabajadores.

Pero entonces la vida de los Cerdá sufrió un grave revés. En apenas diez años murieron dos de sus hermanos y su padre. De repente, y sin haberlo previsto, Ildefonso se convirtió en cabeza de familia y heredero de todo el patrimonio. Además, ese mismo año se casó con la pintora Magdalena Clotilde Bosch, hija del banquero Josep Bosch i Mustich.

Su situación económica mejoró significativamente y pasó a pertenecer a la burguesía, relacionándose con las personas más influyentes del país. Además, ya no tenía que trabajar como ingeniero civil para mantener a la familia, por lo que decidió dedicarse a la tarea urbanizadora e implicarse en la vida política.

Fue entonces cuando empezó a pensar en una nueva ordenación del territorio, basada en todas las innovaciones que se habían producido en las comunicaciones y el transporte, como el telégrafo o el ferrocarril. ¡En sus diarios incluso llegó a imaginarse una especie de «locomotoras individuales» que se parecían a nuestros coches!

«La urbanización es el conjunto de conocimientos, principios, doctrinas y reglas para que sus moradores puedan vivir cómodamente y puedan prestarse recíprocos servicios, contribuyendo así al común bienestar y a la felicidad pública».

Ildefonso Cerdá

Mientras tanto, la vida en Barcelona se había vuelto insoportable. Alrededor de 1850 era la ciudad más poblada de Europa, muy por delante de París o Londres. La gente abandonaba el campo para buscar trabajo en las fábricas. Y el día a día en la ciudad era asfixiante.

«¡Abajo las murallas!», era el grito con el que protestaban los liberales desde sus diarios.

Hacía años que la burguesía de Barcelona exigía que se derrumbaran. Por un lado, las murallas perjudicaban sus negocios, ya que tenían que pagar un impuesto por las mercancías que entraban en la ciudad. Y por el otro, aquel laberinto de calles atestadas de gente no les permitía controlar con facilidad las protestas obreras.

Al final, después de mucha presión y esfuerzo, los liberales consiguieron que el Gobierno de Madrid aprobara el derribo de las murallas de Barcelona. Era el año 1854 e Ildefonso tenía treinta y nueve años.

**Pedro Felipe Monlau**
(Barcelona, 1808 - Madrid, 1871)

Médico e higienista, fue el autor del trabajo titulado *Abajo las murallas*, un documento que recogía las ventajas que reportaría a Barcelona y especialmente a su industria la demolición de las murallas que circuyen la ciudad.

**Barcelona en los siglos XVIII y XIX**

En 1719, Barcelona había sido declarada plaza fuerte. Es decir, una ciudad que, por su valor estratégico, tenía que ser defendida a toda costa del enemigo. Se reforzaron las murallas y se construyeron cinco fortalezas en la ciudad. La más importante de ellas era la Ciudadela, sede de la Capitanía General. Al otro lado de las murallas, tierra adentro, quedó el llamado Llano de Barcelona.

Una vez derribadas las murallas, el Llano de Barcelona se convirtió en suelo edificable. Eso quería decir que las autoridades habían dado permiso para urbanizar los terrenos que rodeaban a la antigua ciudad. De pronto Barcelona podía expandirse y era necesario escoger el modelo de crecimiento urbano más adecuado.

Mientras todo eso sucedía, Ildefonso publicó el estudio *Monografía de la clase obrera*. En este documento el ingeniero analizaba las duras condiciones de vida de los habitantes de la ciudad, unas condiciones que él mismo había sufrido de joven. Y también afirmaba que Barcelona no estaba preparada para incorporar las innovaciones tecnológicas necesarias para revolucionar la industria, el transporte y las comunicaciones.

Con esta afirmación, Ildefonso demostraba una vez más su visión de futuro y la modernidad del modelo de ciudad que defendía.

«La mortalidad de Barcelona es el doble que la de Londres».
Ildefonso Cerdá

### Monografía de la clase obrera

Este estudio de Cerdá examina los aspectos sociales, económicos y alimenticios de los habitantes de Barcelona. Son cifras estremecedoras. En 1855 un burgués de Barcelona tenía una esperanza de vida de 34 años, la de un obrero cualificado era de 25 años y la de un jornalero, ¡no llegaba a los 20 años!

### ¿Pueblos o barrios?

En aquella época, los barrios de Gracia, Sarriá y Sants eran poblaciones del Llano de Barcelona. Estas poblaciones estaban separadas por extensiones de campos de cultivo.

Ahora que ya no existían las murallas, todo el mundo quería controlar el crecimiento de la ciudad. Por un lado, el Gobierno de Madrid le encargó a Ildefonso el plano topográfico de la zona. Se trataba de trasladar al papel las características del terreno que se iba a urbanizar. Por otro lado, el Ayuntamiento de Barcelona reclamó su derecho a decidir sobre una reforma tan importante para la ciudad.

Para resolver el conflicto, se convocó un concurso al que se presentaron ocho arquitectos. Ildefonso concursaba con un proyecto urbanístico propio, pero no tuvo suerte. El ganador fue Antoni Rovira i Trías, el arquitecto que había dirigido las obras de derribo de las murallas.

Pese a todo, el Gobierno de Madrid no aceptó el resultado y decidió que Ildefonso fuese el encargado de urbanizar la nueva ciudad. Así pues, Ildefonso pudo hacer realidad su sueño y puso en marcha el llamado Plan Cerdá, que supuso la creación del barrio del Ensanche. Esta decisión, sin embargo, recibió muchas críticas y la polémica acompañó al ingeniero el resto de su vida.

El Plan Cerdá se aprobó de forma oficial en 1860 y se convirtió en un modelo para el resto de Europa. Ildefonso tenía 45 años.

**Plano topográfico de los alrededores de la ciudad de Barcelona**

En 1855, el Ministerio de Fomento le encargó a Cerdá el levantamiento del plano topográfico del Llano de Barcelona, que era la extensa zona de campos de cultivo sin urbanizar que había entre Barcelona y Gracia y desde Sants a San Andrés de Palomar.

**Proyecto de Rovira i Trías**

El proyecto de Antoni Rovira i Trías se inspiraba en el modelo de la ciudad de París, caracterizado por una estructura radial —como una telaraña— que separaba a la burguesía de los barrios destinados a la clase obrera.

Veamos ahora lo que planteaba el Plan Cerdá. ¡Ten en cuenta que era el diseño de una ciudad pensada para alojar a 800.000 personas!

En primer lugar, el trazado de las calles y avenidas formaba una cuadrícula. Y para que recibiesen la luz del día, Ildefonso planificó unas vías paralelas y otras perpendiculares a la costa.

En segundo lugar, proyectó calles muy anchas. El objetivo era evitar problemas de higiene, permitir la ventilación y favorecer la circulación de personas y vehículos. Gracias a estas calles de 20, 30 y 60 metros de ancho, fue más fácil distribuir el alcantarillado, instalar los servicios de gas y agua potable, incorporar mobiliario urbano y plantar árboles.

En tercer lugar, Ildefonso diseñó edificios plurifamiliares abiertos a la calle y con un patio interior. Quería que se pudiesen ventilar y que tuviesen luz natural. Y también que conviviesen en ellos familias de diferente clase social.

Por último, decidió que sólo se edificasen dos laterales de cada una de las manzanas que formaban la cuadrícula. La idea era dejar abiertos los otros dos laterales para plantar huertos y jardines. De ese modo, ¡la ciudad se convertiría en un parque enorme!

**El diseño de las calles**

La monotonía en las calles obedecía a un criterio de igualdad. Según Cerdá, si no había una calle más importante que otra, los comercios y servicios se repartirían de forma uniforme, garantizando la igualdad social.

**El chaflán**

Las manzanas del Plan Cerdá no se cierran con esquinas, sino con chaflanes. Las manzanas forman octógonos ideados para que los tranvías puedan girar hacia ambos lados.

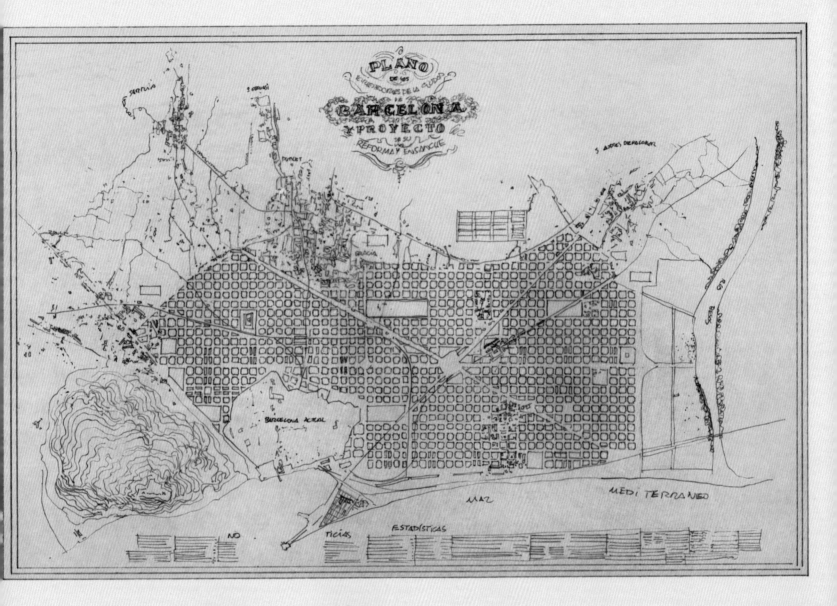

El proyecto de urbanización del Ensanche de Barcelona abocó a Ildefonso a la vida política. Él consideraba que su plan reflejaba los ideales de justicia, igualdad y libertad que él defendía. Además, el Plan Cerdá fue el primer proyecto urbanístico que incorporaba criterios técnicos respecto a la planificación del territorio, las medidas de higiene, la viabilidad económica de las obras, etc.

Por desgracia, el compromiso político y profesional de Ildefonso perjudicó su vida personal. El ingeniero pasaba demasiado tiempo fuera de casa y su situación familiar se volvió insoportable. Poco después del nacimiento de su cuarta hija, Ildefonso y Magdalena Clotilde se divorciaron.

«Dediqué mi fortuna, crédito, tiempo, comodidades, intereses e incluso mi prestigio social a la idea de urbanizar».

Ildefonso Cerdá

**Clotilde Cerdá**
(Barcelona, 1861 - Santa Cruz de Tenerife, 1926)

La hija pequeña de Ildefonso y Magdalena Clotilde fue más conocida por su nombre artístico, Esmeralda Cervantes. Su fama a nivel mundial como concertista de arpa la llevó a viajar por todo el mundo. En 1885 fue una de las principales impulsoras del movimiento antiesclavista. También fundó una institución educativa femenina de alto nivel.

A pesar de la dedicación y los esfuerzos de Ildefonso, el Plan Cerdá topó con obstáculos de arquitectos e inversores.

Para colmo coincidió con la celebración de la Exposición Universal en Barcelona. Para preparar el acontecimiento se hicieron obras muy importantes en la ciudad. Hacía falta mano de obra y eso atrajo a mucha gente del campo.

El crecimiento demográfico de aquellos años fue la excusa para modificar el Plan Cerdá. Y así, se impuso la manzana de edificios cerrada por los cuatro lados. La idea de que la ciudad fuese un gran parque quedó truncada. Y, desde entonces, unos y otros transformaron el plan original.

Ildefonso dedicó los últimos años de su vida a defender su proyecto. Incluso llegó a pagar los gastos de muchas reformas con su propio dinero.

### Obstáculos al Plan Cerdá

Por un lado, el Ayuntamiento de Barcelona y el gremio de arquitectos se opusieron al proyecto. Y por el otro, los inversores le presionaron porque consideraban que había destinado demasiado espacio a jardines y parques.

### Las Exposiciones Universales

Eran los mayores eventos políticos, económicos y sociales del mundo, en los que cada país exponía los avances tecnológicos y hacía gala de su potencial económico e industrial. Comenzaron en Londres en 1851 y la de Barcelona tuvo lugar en 1888 en el parque de la Ciudadela.

Enfermo, arruinado y atacado con rumores que le desprestigiaban como persona y como profesional, Ildefonso se trasladó a un balneario de Cantabria. Allí murió a los 61 años.

Tras su muerte, Ildefonso y yo, su famoso plano, caímos en el olvido, maldecidos por muchos barceloneses ilustres como Domènech i Muntaner o Prat de la Riba. ¡De hecho, tuvieron que pasar casi cien años para que trasladasen sus restos al cementerio de Montjuic!

Mientras tanto, hubo varios intentos para dedicarle un monumento, pero todos fracasaron. El único lugar de Barcelona que lleva su nombre es la plaza Cerdá, una plaza congestionada y ruidosa que se opone por completo a sus ideas urbanizadoras. ¡Ah! Y no busques allí una placa conmemorativa, ¡porque no la encontrarás!

Pese a todo, quizás ahora que conoces la vida y la obra de este ingeniero visionario, ¡puedas hacer algo para reivindicarlas! Al fin y al cabo, Ildefonso Cerdá fue un hombre que dedicó su talento a mejorar la calidad de vida de los barceloneses. Un hombre que quiso convertir Barcelona en una ciudad moderna, saludable y sostenible, y que diseñó un proyecto urbanístico que todavía hoy sirve de inspiración para el futuro.

---

«El señor Cerdá era liberal y tenía talento, dos circunstancias que en España perjudican y suelen crear muchos enemigos».

Necrológica publicada en *La Imprenta* el 23 de agosto de 1876.

---

**Lluís Domènech i Muntaner**
(Barcelona, 1850-1923)

El famoso arquitecto Domènech i Muntaner se opuso al Plan Cerdá. «Las corrientes de aire de las calles del Ensanche nos provocarán una pulmonía», dijo. Le producía tanto rechazo que cuando edificó el hospital de Sant Pau, la cuadrícula de sus edificios rompía a propósito el esquema de Cerdá.

---

**Prat de la Riba**
(Castelltersol, 1870-1917)

Político y escritor español considerado uno de los padres teóricos del nacionalismo catalán. En 1905, Prat de la Riba seguía quejándose «contra los gobiernos que nos impusieron la monótona y vergonzosa cuadrícula».

# El protagonista

## 1815

Ildefonso Cerdá nace el 23 de diciembre en Mas Cerdá de la Garga de Centelles. En 1827, la familia Cerdá se refugia en Vic como consecuencia de un periodo político convulso.

## 1832-1840

Ildefonso deja el seminario y viaja a Barcelona a estudiar arquitectura. En 1835, aprovechando la reapertura de la Escuela de Caminos, se traslada a Madrid para estudiar ingeniería.

## 1841-1849

Cerdá se gradúa como ingeniero civil y trabaja en diversas infraestructuras. En 1844 viaja a Francia donde conoce el ferrocarril y el telégrafo. En 1848, tras la muerte de su hermano mayor, se convierte en heredero del patrimonio familiar.Un año después, se casa con Magdalena Clotilde Bosch.

# Otros catalanes ilustres

## 1815-1876

**Ildefonso Cerdá**
La ciudad del futuro

## 1919-1998

**Joan Brossa**
Atrapo una letra y pongo el mundo del revés

## 1850-1856

Resulta elegido diputado por Barcelona en el Congreso. En 1854 se aprueba el derribo de las murallas de Barcelona. Un año más tarde, el Ministerio de Fomento le encarga el plano topográfico del Llano de Barcelona. Se publica la *Monografía de la clase obrera* y el primer volumen de la *Teoría de la Construcción de las Ciudades*.

## 1860-1862

El Ministerio de Fomento aprueba definitivamente el Plan Cerdá, en contra de la voluntad del Ayuntamiento de Barcelona. En 1862, Magdalena Clotilde e Ildefonso se divorcian.

## 1876

En 1876, Cerdá se retira a Las Caldas de Besaya (Cantabria) donde muere a causa de una enfermedad del corazón.

## 1920-2009

**Vicente Ferrer**
Un sol en la India

## 1923-2009

**Alicia de Larrocha**
La pianista de manos mágicas

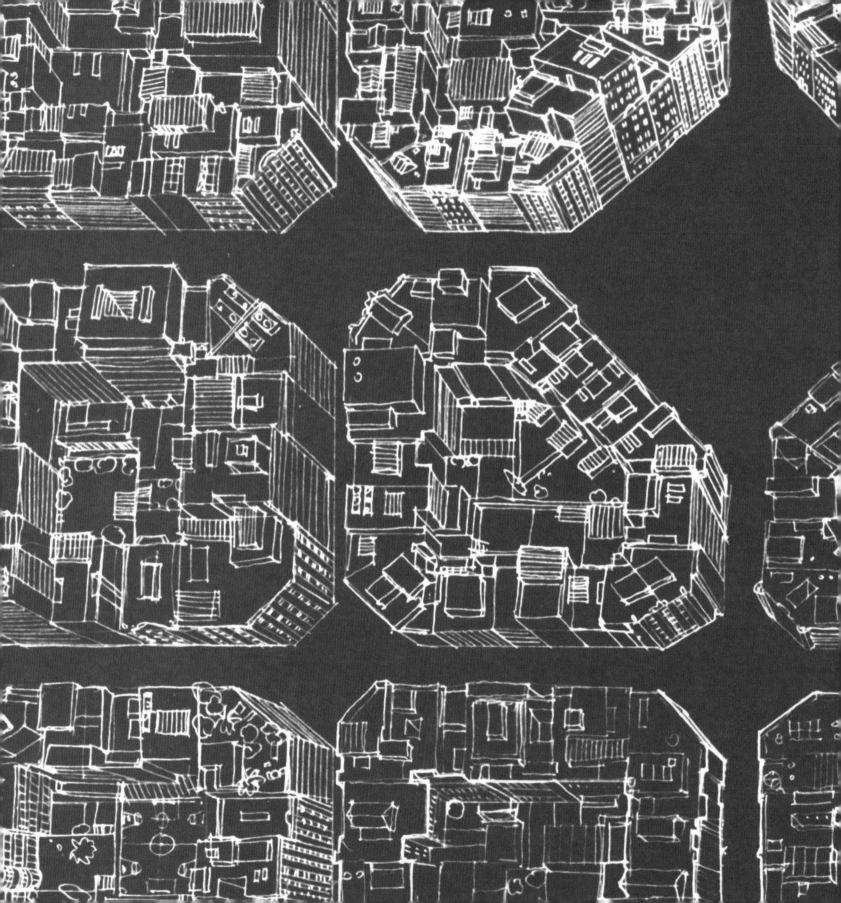